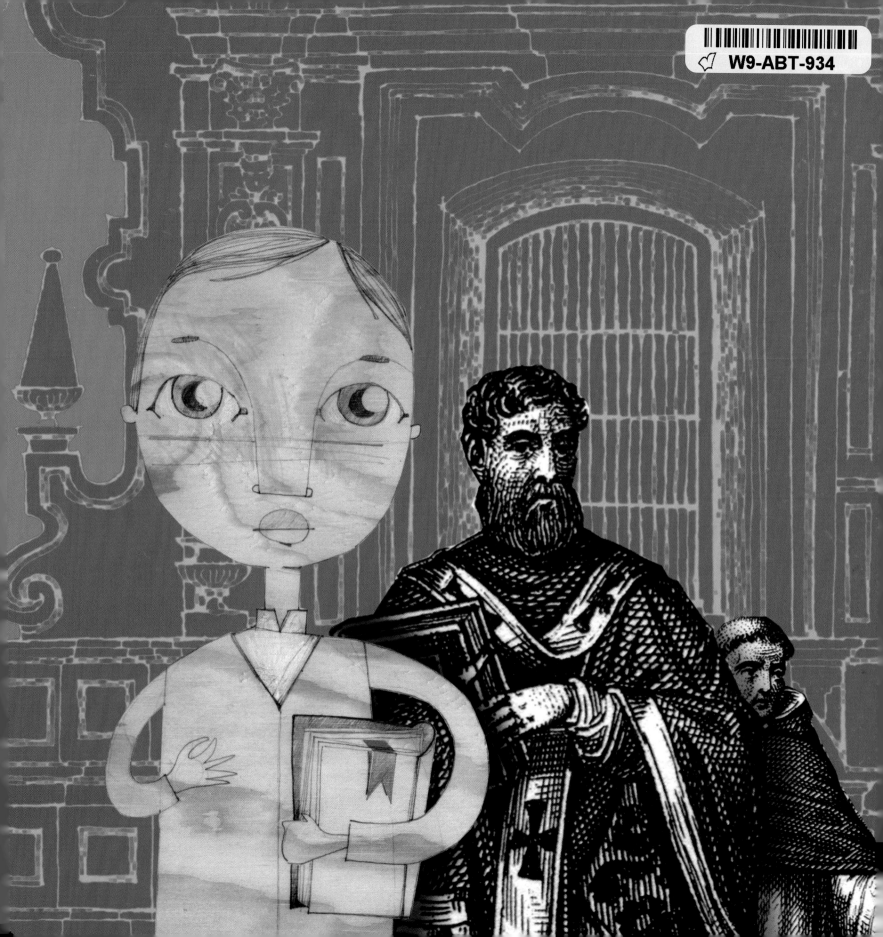

AUNQUE NO SE HA ENCONTRADO

la causa exacta, al poco tiempo, Carlos de Sigüenza tuvo que dejar la Orden de los Jesuitas, pero continuó siendo sacerdote, por lo que nunca se casó.

TOMÓ CURSOS en la Real y Pontificia Universidad de México y por su gran dedicación pronto se destacó en matemáticas, astronomía y literatura.

EN AQUEL ENTONCES la astronomía se mezclaba con la astrología, un arte adivinatorio que la gente empleaba para predecir la suerte y el futuro mediante la observación de los astros. Todavía hoy muchas personas piensan que el porvenir se puede leer en el cielo nocturno, si nos fijamos en la posición de las estrellas. Pero esto no es así, y estudiosos como Carlos de Sigüenza y Góngora ya lo sabían.

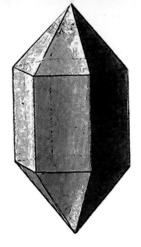

como se relacionaba a los astros
con la suerte, los cometas eran uno de los fenómenos
astronómicos que más asustaban a las personas.
Se creía que la aparición de un cometa anunciaba
problemas, enfermedades, pobreza, y mil calamidades más.

En 1680 Carlos de Sigüenza y Góngora se dedicó
a estudiar un cometa que se veía en el cielo de México.
Realizó mediciones muy precisas sobre su trayectoria
y escribió en 1681 un documento, no muy extenso,
pero sí con un largo título: *Manifiesto filosófico contra los
cometas despojados del imperio que tenían sobre los tímidos.*

Este manifiesto no fue muy largo porque
la intención de Sigüenza y Góngora era explicarle
a la gente que los cometas no tenían ninguna influencia
sobre la vida de las personas, ni buena ni mala;
por lo tanto, no debían ser considerados como
anunciadores de mala suerte.

Pero, aunque parezca increíble, otros estudiosos
de la época continuaban creyendo en la malignidad
de los cometas, y escribieron a su vez otros tratados y
manifiestos en contra de lo dicho por Carlos de Sigüenza
y Góngora. Y no sólo eso, sino que le advertían a todos
que se prepararan para lo peor después del paso del cometa.

8

UNO DE LOS MÁS CONOCIDOS contrincantes de Sigüenza y Góngora fue el también religioso Eusebio Francisco Kino, a quien se le llegó a conocer en el estado de Sonora como el padre Kino. Escribió un documento con un largo título, en el que muchos gobernantes creyeron, y con el que pretendió explicar por qué eran tan malos los cometas: *Exposición astronómica del cometa, que el año de 1680, por los meses de noviembre y diciembre, y este año de 1681, por los meses de enero y febrero, se ha visto en todo el mundo y se ha observado en la ciudad de Cádiz.*

EN ESE TIEMPO todavía se confundía muchísimo el conocimiento científico y lo que hoy conocemos como conocimiento filosófico; aún más, lo que se leía e interpretaba de la Biblia también era considerado por algunos como parte del conocimiento. Precisamente el padre Kino tomó una cita de la Biblia para usarla como argumento: "Habrá señales en el sol y en la luna y del cielo caerán estrellas". Aunque muchas personas no sabían leer ni escribir, los que sí sabían daban a conocer los acontecimientos más notables en las calles y en las plazas. Como no había radio, televisión ni cine, las personas se enteraban de las noticias porque éstas se decían a voces en las plazas. Así fue como el padre Kino ganó adeptos por algunos años.

11

En ese tiempo escribir

y editar libros era muy difícil, y Carlos de Sigüenza y
Góngora se tardó en contestar, pero lo hizo de un modo
que lo convirtió en el mejor de los astrónomos de su
tiempo. Escribió una obra a la que le dio un título
muy corto para la época: *Libra astronómica y filosófica.*

ESTE LIBRO fue publicado en 1691, y no sólo
presentaba los datos matemáticos más precisos
que jamás se hubieran dado sobre un cometa
hasta entonces, sino que también fue el primero
que aclaró la diferencia entre astrología y astronomía.

CARLOS DE SIGÜENZA afirmó que la astrología
era cosa de charlatanes, pues no se puede predecir
el futuro de las personas, ni de las naciones, mirando
las estrellas (ni de ninguna otra forma). Argumentó
que la astronomía es una ciencia, que estudia
el movimiento y comportamiento de todo lo que había
más allá de la Tierra en los cielos estrellados.

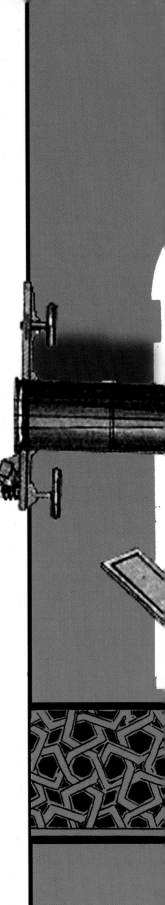

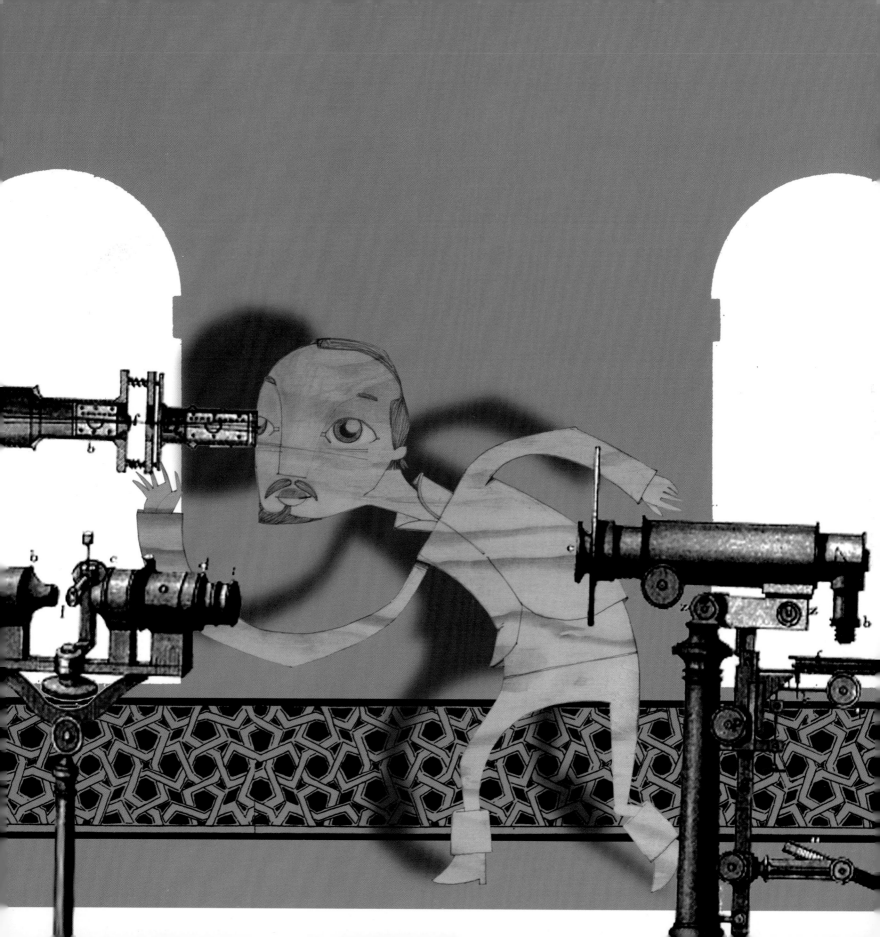

EN LA *Libra astronómica y filosófica*

no sólo describe al cometa de 1681, hace referencia
a muchos otros acontecimientos astronómicos:

Año de 1619 a 20 de diciembre, en Huehuetoca,
pueblo que está en el mismo meridiano que México...
observó Enrique Martínez el fin de un eclipse de luna
y fue (según dice) a las 9 horas y 51 minutos poco
más de la noche...

CUANDO SE REFIERE directamente al cometa es igual
de preciso:

Viernes 3 de enero de 1681, a las 7 horas de la noche:
el cometa, la precedente y la subsecuente de la boca
del Caballo Menor, formaban un triángulo rectángulo...
acomodo, cuando de ello necesito, el foco de la lente
ocular de mi telescopio...

MUCHAS PERSONAS a través de los siglos han observado
las estrellas y han interpretado que forman conjuntos con
figuras de animales, cosas u objetos fantásticos.
A esos grupos de estrellas o constelaciones les han dado
nombres como Osa Menor, Osa Mayor o Caballo Menor.

14

SIGÜENZA Y GÓNGORA utiliza muchos de estos nombres en su libro y, gracias a ello, incluso hoy, los astrónomos expertos, pueden reproducir los mapas estelares descritos por Sigüenza en su tratado publicado en 1691.

TAN BUEN ASTRÓNOMO FUE, que observó y calculó la trayectoria del cometa Halley, en 1682, ¡el mismo año en que el astrónomo Edmond Halley efectuaba sus cálculos en Inglaterra!

AL iGUAL QUE HALLEY,

Sigüenza llegó a la conclusión de que los cometas eran cuerpos estelares errantes. Sin embargo, no calculó —como sí lo hizo el científico inglés— que el cometa volvería a verse desde la Tierra en el año de 1758. El cometa regresó un poco después de lo previsto por Halley y ¡volvió a ser visto en marzo de 1759! Desde entonces el cometa lleva el nombre del científico británico.

LOS COMETAS siempre han sido un fenómeno que ha inspirado a todo tipo de estudiosos y artistas. Se les puede ver en pinturas europeas y en códices del México antiguo, que son los escritos donde los pobladores originales de nuestro territorio describían su historia.

SOR JUANA INÉS de la Cruz, quien por cierto fue amiga de Carlos de Sigüenza y Góngora, se refirió poéticamente a los cometas describiéndolos como: *una víbora de vapores espantosa.* La última vez que pasó el cometa Halley fue en 1986 y volverá a verse en los cielos de todo el mundo en el año 2062, así es que si cuidas tu salud para llegar a ser un abuelito feliz, es probable que puedas disfrutar de tan maravilloso espectáculo con tus nietos.

16

CARLOS DE SIGÜENZA Y GÓNGORA FUE UN GRAN ASTRÓNOMO que recibió felicitaciones especiales de científicos europeos de la época. Tanto así, que cuando su fama llegó a oídos del rey Luis XIV de Francia, lo invitó a formar parte de sus sabios astrónomos y cartógrafos. Además le ofreció un puesto en la Real Academia de Ciencias de París, distinción que sólo este mexicano recibió. Sin embargo, no aceptó. Por supuesto, agradeció la invitación y permaneció en México.

ESCRIBIÓ TAMBIÉN algunos documentos de tipo arqueológico e histórico, como la *Relación de lo sucedido a la Armada de Barlovento* y *Piedad heroica de don Hernán Cortés.* También hizo planos que para su época fueron de los más precisos, razón por la cual fue nombrado el Cartógrafo de la Corona Española.

HOY EN DÍA SE LE CONSIDERA EL PRIMER GRAN CARTÓGRAFO MEXICANO porque trazó más de 30 mapas, entre los que se destaca el primer mapa de la Nueva España y el primer mapa general de México, con su orografía —indicando nombres y lugares de las montañas— y su hidrografía —indicando nombres y lugares de los ríos y lagos—. Carlos de Sigüenza y Góngora se interesó mucho por las lenguas y las culturas indígenas. Coleccionó un gran número de esculturas y objetos creados antes de la conquista de México. Además, tenía una gran cantidad de libros, documentos y artefactos de todo tipo, principalmente para ver y medir la posición de las estrellas, como telescopios y astrolabios.

ESTIMABA TANTO todos los materiales escritos que, en 1692, durante un motín de indígenas que se produjo en la Ciudad de México, salvó los documentos que se guardaban en el Palacio Virreinal y en el edificio del Ayuntamiento de México. Con amigos y sirvientes —incluso ofreciéndoles paga de su propio bolsillo a algunas personas— libró de las llamas a una gran parte de este valioso acervo, aun a riesgo de su propia vida.

Poco antes de morir, el 22 de agosto de 1700,
fue aceptado de nuevo en la Orden de los Jesuitas,
a la cual le heredó su vasta biblioteca y sus colecciones
de objetos y aparatos.

A nosotros Carlos
de Sigüenza y Góngora
nos heredó muchos
conocimientos
y un ejemplo de pasión
por el estudio
de las ciencias.